W0015767

Romy – *C'est la vie*

Bilder aus den Pariser Jahren von Giancarlo Botti

Der vorliegende Band enthält die gesammelten Photographien, die der italienisch-französische Photograph Giancarlo Botti von Romy Schneider (1938–1982) in den Jahren zwischen 1961 und ihrem Tod 1982 aufgenommen hat. Die frühesten Bilder zeigen Romy im Modesalon von Coco Chanel bei der Kostümprobe für ein Filmprojekt mit Luchino Visconti. Seit dieser Zeit hat Botti fast zwei Jahrzehnte lang immer wieder photographisch über Romys Filmarbeit berichtet. Er photographierte sie u. a. bei den Dreharbeiten von *Was gibt's Neues, Pussy?, Halb elf in einer Sommernacht, Spion zwischen zwei Fronten, Die Geliebte des anderen, Das Mädchen und der Kommissar, Nachtblende, Die Unschuldigen mit den schmutzigen Händen, Gruppenbild mit Dame* und *Eine einfache Geschichte*. Der vertraute Umgang zwischen dem Photographen und seinem Star führte auch dazu, daß Romy ihn häufig zu privaten Phototerminen bat. So nahm er Romy mit Sohn David in ihrer Pariser Wohnung auf und photographierte ihre Hochzeit mit Daniel Biasini. Die Beziehung fand ihren Höhepunkt in einer großen erotischen Aktserie, die Romy Schneider selbst angeregt hatte. Diese Aufnahmen sind hier erstmals zusammenhängend veröffentlicht.

Unser Band, der aus Anlaß des zehnten Todestages von Romy Schneider erscheint, ist eine Hommage in Bildern, die all die glanzvollen, intimen, auch tragischen Momente der beruflichen und privaten Metamorphose Romy Schneiders vom »süßen Mädel« zur schönen, selbstbewußten Frau, zur gefeierten Schauspielerin und Diva festhalten.

Giancarlo Botti, 1930 in Italien geboren und seit Ende der fünfziger Jahre in Frankreich ansässig, machte sich mit Photoreportagen und Prominenten-Portraits, insbesondere weiblicher Stars, einen Namen. Die langjährige, von Sympathie und zunehmender Vertrautheit geprägte Zusammenarbeit mit Romy Schneider begann 1960 mit einem Reportage-Auftrag der französischen Frauenzeitschrift *Marie Claire*. Botti lebt heute zurückgezogen in der Normandie.

Michel Piccoli hat für diesen Band und für seine Kollegin Romy ein poetisches Geleitwort geschrieben.

Der Schriftsteller und Journalist Jean-François Josselin, Filmkritiker beim *Nouvel Observateur*, zeichnet in seinem Einleitungsessay ein literarisches Portrait der großen Schauspielerin, das auch auf persönlichen Erinnerungen beruht.

152 Seiten, 95 teils farbige Abbildungen

ROMY – *C'est la vie*

Bilder aus den Pariser Jahren
von Giancarlo Botti

Mit einem Geleitwort von Michel Piccoli
und einem Essay von Jean-François Josselin

Schirmer/Mosel
MÜNCHEN · PARIS · LONDON

Das Geleitwort von Michel Piccoli und den Essay
von Jean-François Josselin übertrug Rudolf Kimmig
aus dem Französischen.

Alle Zitate von Romy Schneider sind dem Schirmer/Mosel-Buch
Romy Schneider – Bilder ihres Lebens
von Renate Seydel entnommen.

Die Deutsche Bibliothek – CIP-Einheitsaufnahme
Botti, Giancarlo:
Romy – c'est la vie: Bilder aus den Pariser Jahren / von Giancarlo Botti.
Mit einem Geleitw. von Michel Piccoli
und einem Essay von Jean-François Josselin.
[Aus dem Franz. von Rudolf Kimmig].
München; Paris; London: Schirmer-Mosel, 1992
ISBN 3-88814-724-7
NE: Josselin, Jean François [Mitarb.]

© der Photographien 1992 bei Stills Press Agency.
Agent Studio X Images de Press. Photograph: Giancarlo Botti.
© dieser Ausgabe 1992 bei Schirmer/Mosel München
Alle Rechte, auch die des auszugsweisen Nachdrucks und
der photomechanischen oder elektronischen Wiedergabe, vorbehalten.

Lithos: Repro Mayr, Donauwörth
Satz: Typ-O-Graph, München
Druck und Bindung: EBS, Verona
ISBN 3-88814-724-7
Eine Schirmer/Mosel Produktion

Romy S.

Ich habe Romy in Berlin kennengelernt.
Und war zum ersten Mal ihr Partner.
Fragen Sie mich nicht nach dem Datum.
Romys Jahre, ihr Alter, haben ihr Leben nie
gezeichnet.
Jetzt hat sie kein Alter mehr.
Sie ist ewig, im Raum und im Bild.
Damals lebte sie im Verborgenen.
Ohne Worte habe ich begonnen, ihre Geheimnisse zu entdecken.
Und schweige.
Bis zu ihrem Tod haben wir uns beobachtet, belauert – in
ihrer Arbeit, ihren Leidenschaften, ihrem Lachen und ihrer
Angst.
Ich war ihr beschützender Freund, sie die Begleiterin meiner
Torheiten. Ihre Blicke. Die flüchtig hingeworfenen Aufzeichnungen.
Wenig Worte. Langes Warten. Brutalitäten. Unendliche
Zärtlichkeiten. Wir waren Freunde, im Geheimen.
Ich habe noch ein Radio, das wir zusammen gekauft haben.
Ich behalte es. Als Reliquie.
Und verstumme.

Michel Piccoli
Paris, Februar 1992

Romy, unsere Zeitgenossin

Allzu grausame Schicksale entschädigen mit Privilegien. Zum Beispiel Romy. Zehn Jahre danach weilt sie immer noch unter uns, unverändert. Wir sind gealtert, sie dagegen immer noch gleich strahlend. Ich spüre, höre fast noch den Pulsschlag ihrer Nähe wie damals, als wir sie in dem kleinen Salon des Hotel Royal Monceau erwarteten, in das sie sich nach den Dreharbeiten zu ihrem letzten Film *Die Spaziergängerin von Sanssouci* zurückgezogen hatte. Auf der anderen Seite der Tür begann ihr Reich – und das Reich unserer Schimären. Unbedeutende, dabei klar zu identifizierende Geräusche drangen zu uns, ein silberner Löffel etwa, der gegen eine Porzellantasse schlug, rauher Husten, vielleicht ein Seufzer, und andere Laute, die nicht einzuordnen waren: Beweise für Romys Existenz. In dem hübschen Salon, der trotz der unpersönlichen Möbel leer wirkte, befanden wir uns im Vorzimmer ihrer Legende. Doch dann wurde die Legende plötzlich zur Realität: die Tür öffnete sich, und Romy erschien, mit strahlenden Augen und diesem leicht kehligen Akzent, der ihre Sprache, ihr Französisch so rein wie einzigartig werden ließ.

Romys Gesicht war immer nackt, immer glatt gewesen. Leid und Tränen sind über dieses Gesicht geflossen. Doch aus jedem der zahlreichen Schicksalsschläge, von denen Romys Leben gezeichnet war, ging sie noch frischer, noch strahlender hervor. Romy verkörperte das Leben, das immer wieder neu begonnen wird. So erstaunt es nicht, daß sie Schauspielerin wurde: Sie war die ewige Metamorphose ihrer selbst, der sanfte Phönix, der aus der Asche emporsteigt und seine Flügel ausbreitet, so, wie man sich nach dem Schlaf dehnt und reckt. Dieser mythische Vogel wurde zur Landschaft, zu einer Landschaft aus Regen und Sonne, nach dem Sturm. Haben Sie Romy gesehen? Haben Sie ihr Gesicht vor sich? Ihre tag- und nachtgleichen Augen? Und ihren wassertiefen Blick? Diese Sommerstirn! Ihr Kinn ein Kap. Ihre Haare ein Urwald. Als Tochter der Erde und des Himmels verkörperte sie unsere Mysterien. Sie war mehr als eine Schauspielerin: sie vermittelte zwischen dem Wort und uns, zwischen dem Imaginären und unserer Wahrheit. Sie hat uns geholfen zu leben und ist daran gestorben. Ihr Martyrium hat sich vor unseren Augen abgespielt, auf Zeitungspapier und Filmrollen. Klar und unmißverständlich, in der glühenden Hitze der Scheinwerfer. Wie Sterne, die jahrhundertelang weiterstrahlen, nachdem sie erloschen sind, leuchtet sie noch für uns.

So taucht Romy unsere Erinnerungen in ihr gleißendes Licht. Sie beobachtet uns, und wir machen uns Gedanken über sie. Dreißig Jahre lang haben wir es so miteinander gehalten: am Anfang, als ihr Ruhm noch jung war, und später, als er sich immer souveräner gegen die »Dinge des Lebens« – und das waren die unsrigen – behauptete. Waren wir zu Sissis Zeiten nicht schon unserer ersten großen Liebe begegnet? Und als Alain Delon die Szene von *Christine* betrat, wo waren da unsere Verlobten? Romy war der Komet in unserem kleinen Universum. Er durchzog unser Gedächtnis mit den schönen und den schmerzlichen Bildern ihrer Karriere und ihres unruhigen Lebens. Denn auch sie klammerte sich – wie Racines Venus – mit Leib und Seele an ihre Beute. Ihre Beute? Das war sie selbst – vervielfältigt in der Phantasie der anderen: die Erzherzogin von Österreich und die Spaziergängerin, die Mutter von David und Sarah, die Heldin aus Fleisch und Blut und die imaginäre Heldin von Welles, Visconti, Losey, Sautet, Tavernier und vieler anderer. Ihr Glanz und ihr Elend sind die Bezugspunkte unserer ganz einfachen Geschichte. Romy gehört uns, denn wir beten sie an. Sklavisch zwar, aber so lebt sie wenigstens Tag für Tag in unseren Herzen weiter. Man nennt das zuweilen auch Unsterblichkeit.

Giancarlo Botti, dessen wunderschöne Bilder Sie gleich sehen werden, war das Instrument dieser Unsterblichkeit. Die französische Zeitschrift *Marie Claire* hatte den Photographen gebeten, selbst die unbedeutendste Geste Romys festzuhalten, ihre Bewegungen, ihre Schritte, das Zittern, das ihren Körper durchlief, ihre kaum wahrnehmbaren Attitüden, die Andeutungen ihrer Emotionen. Schon 1960. Seit zwei Jahren kannte und liebte Romy Alain Delon, den jungen Löwen des französischen Films. Er war ihr Partner in *Christine,* einem Remake von Max Ophüls' *Liebelei,* dem Lieblingsfilm ihrer Mutter Magda Schneider. Alain machte sie mit Luchino Visconti, kurz Luca, bekannt. Luca stellte ihr die sicher schwerste Aufgabe ihrer Karriere: Sie, das nette, kleine Püppchen des bayerischen Films, sollte zum ersten Mal im Theater auftreten. Noch dazu in einem englischen, vielmehr elisabethanischen Stück von John Ford, *Schade, daß sie eine Dirne ist.* Romy, die am 23. September 1938 in Wien geborene Rosemarie Magdalena Albach-Retty, würde die skandalumwitterte, undurchsichtige, blutschänderische, gequälte Titelheldin spielen – in französischer Sprache. Doch damals lächelte ihr das Leben zu. Vor allem aber eine exquisite, huttragende Dame, Muse vieler Dichter, eine Frau mit stolzem, trockenem Gesicht, zeitlos schön, eines der Symbole des Pariser »Chic«: Gabrielle Chanel, genannt Coco, die große Mademoiselle.

Giancarlo Botti macht es möglich: wir sehen Romy Aug in Auge mit Coco Chanel. Das ist fast wie ein Blick in Romys privaten Spiegel. Ein Zauberspiegel, der mit dem Alter spielt. Denn Romy ist Cocos Spiegel, der von verlorener Jugend und wiedergefundenem Glück erzählt. Filmproduzenten haben keine Phantasie: warum wurde nie eine Mademoiselle Faust geschaffen? Zumal die temperamentvolle Romy damals in einem Alter war, in dem man ins Leben beißt wie in einen reifen Apfel. In dem der Tod nichts weiter ist als ein Märchen, von Leuten erfunden, die in die Jahre kommen. Romy, die vor Glück und Selbstsicherheit nur so strotzt, weiß, daß die Zukunft denen gehört, die verdammt noch mal schön sind. Bis Mitternacht, wie Aschenbrödel? Vielleicht. Kannte Romy diesen auf den ersten Blick paradoxen und doch so wahren, so entlarvenden Satz von Louise de Vilmorin, dieses berührende und zugleich frivole, mit einem hochexplosiven Sprengsatz versehene Versprechen: »Ich liebe dich mein ganzes Leben lang, bis morgen«? Sissi existiert nun nicht mehr. In Alains Umgebung ist Romy zur Löwin geworden. Mit spitzen, scharfen Zähnen. Wenn sich ihr Blick zuweilen melancholisch verschleiert, dann nur, weil es das Drehbuch so will. Die Zukunft gehört der triumphierenden Romy. Selbstverständlich und Gott sei Dank ahnt sie nicht, daß die Zukunft auch fahle Morgendämmerungen bereithalten kann.

Einige Jahre später ist es *Halb elf in einer Sommernacht*. Giancarlo Botti ist wieder dabei, objektiv in jeder Hinsicht. Romy liebt Alain immer noch. Alains Liebe zu Romy dagegen ... zumal Romy in einer dieser fatalen Lagen ist, die eine glückliche Geschichte so leicht in ein Trauerspiel verwandeln: Sie wartet auf den, der sie liebt, den ihr Herz liebt. Sie wartet, aber er kommt nicht nach Spanien, an die Costa Brava, wo sie unter Jules Dassins Regie einen Roman von Marguerite Duras verfilmt. Mit Melina Mercouri, der späteren griechischen Kultusministerin, die ihr in den Drehpausen den Sirtaki beibringt, damit sie die Zeit vergißt und diesen Monsieur, der sich nicht blicken läßt. Melina meint, sie solle der Wahrheit ins Gesicht sehen. Mit der ihr eigenen Unerschrockenheit, die sie zur sensibelsten, aber auch verletzbarsten Schauspielerin macht, zögert Romy keine Sekunde, sich auch auf dieses Spiel einzulassen: sie leide an ihrer Liebe, gesteht sie in der katalanischen Nacht, und es sei Alain, der sie mit leeren Versprechungen hinhält, an ihr nagt, ihr das Herz aus dem Leibe reißt, ihr aber trotz allem die Kraft gibt, Tag für Tag zu leben. Hier, an der Costa Brava, ist Romy nicht mehr die junge Prinzessin ihrer Anfänge; sie hat bereits die ernste Maske derer aufgesetzt, die wissen, wie aus Liebe Leid wird, wenn die Resonanz ausbleibt.

Romy, eine »schwache Frau«, ist aber auch Star. Ihr Erfolg im Film geht Hand in Hand mit dem Fluch, der auf ihren Gefühlen lastet. Sie arbeitet mit Visconti zusammen, wie wir gesehen haben, aber auch mit Orson Welles. Ihr Weg führt sie nach Hollywood, wo sich die kleine Österreicherin auf die Zehenspitzen stellt, um Marlene in die Augen zu schauen. Dann die sprichwörtliche Einsamkeit in einer von untätigen Dienstboten bevölkerten Villa, denn die Dreharbeiten vom frühen Morgen bis zum späten Abend lassen ihr nicht einmal Zeit, vom Swimmingpool in ihr Boudoir zu gehen, sich länger im Garten oder im Wohnzimmer aufzuhalten. In Hollywood wird ihr übrigens beigebracht, daß diese Einsamkeit nicht nur eine vorübergehende Erscheinung ist, und daß ihre Rivalin, die hübsche Nathalie, deren Ähnlichkeit mit Alain sie verblüfft, nichts anderes ist als eine intelligente Statistin für sensationshungrige Zeitschriften. Doch Hollywood liegt geographisch bereits so weit zurück wie Alain gefühlsmäßig. Romy hat sich in ihre Heimat zurückgezogen und dort festgestellt, daß sie nicht allein auf der Welt ist. An ihrer Seite lebt nun Harry Meyen, ein echter Schauspieler, der für das Theater arbeitet. Glamour und Paparazzi sind vergessen; man spricht über Texte, die man zerlegen, verstehen und verdauen muß, und über Worte, diesen Stoff, aus dem die Seele der Komödianten gemacht ist. Romy will zurück in ihr Schneckenhaus, zurück zum wahren Theater. Harry ist vierzehn Jahre älter als sie. Er ist Jude und hatte die Konzentrationslager der Nazis kennengelernt. Neben dem Theater schenkt er »der kleinen Braut Europas« die schreckliche Erinnerung ihrer Herkunft.

Er schenkt ihr auch David, das schönste, das tragischste Geschenk in ihrem Leben. David ist ein kleiner Blondschopf, schelmisch-durchtrieben wie Romy. Er hat ihre Launen geerbt, ihr Bedürfnis nach Unabhängigkeit und ihr aufrührerisches Wesen, aber auch ihre hingebende Zärtlichkeit. Später widersetzt er sich häufig seiner Mutter, weniger wie ein Kind, eher als Blutsbruder, fast schon als Liebhaber. Doch so weit sind wir noch nicht. Romy ist nicht mehr »die« Schneider, vorläufig. Sie entdeckt Strindberg, Brecht, Schnitzler und die Vernunft des Theaters, das mit den Blitzlichtern und dem hohlen Geschwätz arroganter Reporter nichts zu schaffen hat. Zur Freude ihrer Landsleute ist sie wieder Deutsche geworden. In einem Deutschland allerdings, das gerade von politischen Erschütterungen heimgesucht wird. Sie lebt in Berlin, das von einer Mauer zweigeteilt wird, an der die Träume von Freiheit zerbrechen. Auf der einen Seite, im Osten, eine graue, unendlich trostlose Welt. Und auf der anderen, im Westen, ein übersättigtes Land, das zu fett, zu selbstzufrieden geworden ist und in dem bald die Baader-Meinhoffs von sich reden machen werden. Romy beschäftigt sich lange mit der gespaltenen, zerrissenen Persönlichkeit Ulrike Meinhoffs, der Terroristin, der »Passionaria« der Verzweiflung. In diesem für die westliche Gesellschaft so entscheidenden Jahr 1968 spielt Romy die einzige Rolle, die ihr nicht liegt, die der Hausfrau.

Doch dann meldet sich das Schicksal wieder in der Person Delons: er ruft von der Côte d'Azur aus an und knüpft neue Beziehungen – für einen Film. Das französische Kino wird sie von nun an nicht mehr loslassen. *Swimmingpool* ist ein großer Erfolg. Romy wird wieder eine französische Schauspielerin, die berühmteste der Französinnen, auch wenn sie drei kleine Umwege über Rom, London und Madrid machen muß, bevor sie Paris wiedersieht. Und in Paris wartet der Mann ihrer Karriere auf sie, fast so etwas wie der Mann ihres Lebens: Claude Sautet. Berlin und Harry sind weit weg. Sie entfernen sich jeden Tag ein Stück mehr, verschmelzen mit unscharfen, konfusen Erinnerungen, die das Vergessen ankündigen. Giancarlo Botti trifft Romy bei den Dreharbeiten zu *Das Mädchen und der Kommissar* wieder. Sie ist eher größer geworden als älter. Schmaler im Gesicht. Fast hohle Wangen. Tiefe Augen. Oval ist ihr Gesicht jetzt, nicht mehr jugendlich-rund, pausbäckig, wie zu Zeiten der kleinen österreichischen Prinzessin. Sie ist mitnichten das Abbild einer glücklichen Frau, wirklich nicht! Und noch weniger das einer besänftigten. Sie ist eine reife Frau, erfahren, wissend und trotzdem neugierig, vielleicht »Die Frau von dreißig Jahren«, die Balzac beschrieben hat. Und sie ist gezeichnet von der Schönheit des Unglücks, diesem Hauch von Unverfrorenheit, der die Desillusionierten umweht, dem provozierenden Charme derer, die dich anschauen, ohne mit der Wimper zu zucken.

Romys Existenz verläuft in abenteuerlichen Bahnen, trotz aller Versuche, ein ruhiges, beschütztes Leben zu führen. Damals, in den siebziger Jahren, ist sie auf dem Höhepunkt ihres Ruhms. Damals beginnt auch der langsame, unaufhaltsame Weg in den Abgrund. Ihr Schicksal ist vorgezeichnet. Als Sissi, Christine oder Mademoiselle Ange ihr Wesen bestimmten, war sie schon, mehr oder weniger bewußt, der »geborene Star«. Aber ein Star zum Anfassen, ein Star im Taschenformat, immer lachend, überall gefeiert und von entwaffnender Unbekümmertheit. Jetzt ist sie, auch wenn sie sich das nicht vorstellen und noch weniger dagegen ankämpfen kann, ein Star ob sie will oder nicht. Und als solcher ist sie überwältigend, bis sie sich in den Studios, in der Hölle verbrennt. Die Filme jagen einander, einer so mystisch, so prophetisch wie der andere: *Das Mädchen und der Mörder* von Losey (wieder mit Alain) und *Ludwig II.* von ihrem geliebten Luca, Luchino Visconti. Sie schließt an die Erzherzogin ihrer Kindheit an, diesmal nicht als Sissi, sondern als Elisabeth, nicht mehr als freche, impertinente Prinzessin, sondern als von tragischer Melancholie gezeichnete Kaiserin, die ständig von Wahnsinn und Tod bedroht wird. Man liebt sie, trotz ihrer kapriziösen Extravaganzen, trotz ihrer Wutausbrüche und Verzweiflungen.

Wut und Verzweiflung, extravagante Kapricen finden sich in einem Film wieder, der auf ihr Maß, oder eher auf das Unmäßige in ihr zugeschnitten ist: *Nachtblende* von Andrzej Zulawski. Voller Glut und bis zur Schamlosigkeit interpretiert sie ihre eigene Rolle, negativ: der Fluch, der auf der Schauspielerin liegt, wird wirksam. Doch Romy liebt die Verzweiflung und das Leiden. In ihren zu stark geschminkten Augen, die Giancarlo Botti während der Dreharbeiten festhält, zeichnet sich das Martyrium ab, die Lust am Opfer. Harry und Berlin sind in immer größere Ferne gerückt. Nicht einmal David erinnert sie an ihre Vergangenheit. Warum auch: sie läßt sich vom reißenden Strom tragen. Man umwirbt sie, und sie akzeptiert. Sie wirkt an Filmen mit, die sie nicht mag, die sie aber durch ihr Auftreten adelt. Im Grunde ist es ihr nicht mehr so wichtig zu lieben, auch wenn sie mit Daniel, ihrem Sekretär, noch einmal das Glück probt. Sie will drehen, drehen, drehen – ein schillernder Kreisel, den nur seine irre Bewegung aufrecht hält. Manchmal tritt die Realität in ihr Leben, und hält, meist ausgelöst von einem fiktiven Geschehen, ihren rasenden Lauf an, zwingt sie unvermittelt zum Nachdenken über die Schrecken einer Wirklichkeit, die sie selbst nicht kennt, deren Vorhandensein sie aber ahnt. So bei der Vergewaltigungsszene in *Das alte Gewehr*, der eine Doppelhinrichtung mit einem Flammenwerfer folgt, ihre eigene Hinrichtung, das heißt, die der Person, die sie verkörpert, ihrer Doppelgängerin, und die Hinrichtung eines kleinen Mädchens, das ihres hätte sein können.

Manchmal allerdings scheint sich ihr Leben in ruhigeren Bahnen zu bewegen, ausgeglichener zu werden. Doch auch hier trügt der Schein. Mit Daniel bewohnt sie ein schönes Haus. Sie hat das Sorgerecht für David, der bei ihr lebt. Harry, der nur noch in verschwommenen Erinnerungen an Berlin auftaucht, verursacht Gewissensbisse, weiter nichts. Hoffnungen begleiten sie. Giancarlo Botti hält diese Augenblicke flüchtigen Glücks fest: ihre Hochzeit etwa, bei der sie eine absurde Blumenkrone trägt und zum braven Mädchen wird, das nichts mit ihr zu tun hat. Der Sensenmann, der Rivale mit dem komplizenhaften Lächeln, streicht um sie herum. Luca ist gestorben. Eine Fehlgeburt. Sie beginnt zu trinken, um mit dem Schicksal fertigzuwerden. Heftig. Ihr Freund Claude Sautet, der sie wohl am besten kennt, kann der Versuchung nicht widerstehen, ihre Verlorenheit, ihre Verzweiflung für *Mado* zu benutzen: eine kurze Szene lang ist sie die gebrochene, zerstörte Frau, und Michel Piccoli, ihr anderer, treuer Freund, wartet im Gang, bis sie wieder wie ein Mensch aussieht. Zweifellos die schönste Szene ihrer Karriere: die Rolle verschlingt ihre Persönlichkeit; pathetisch und dabei ganz echt taucht sie aus ihrem Alptraum wieder auf. In ihrer Wüste gibt es allerdings auch Oasen, so die Geburt Sarahs, Daniels Tochter, ein winzig kleines, blondes Geschöpf. Sarah beweist mit ihrem fröhlichen Zwitschern, daß Romy mit dem Leben noch nicht fertig ist, daß alles weitergeht. Ein Leben, in das sie eintaucht, wieder auftaucht, von neuem eintaucht. Sie schwimmt mit kräftigen Armbewegungen, auch wenn die Wellen des Schicksals über ihr zusammenzuschlagen drohen.

Einige Jahre zuvor hatte sie Giancarlo Botti zu einem erstaunlichen Rendezvous gebeten. Und selbst die Posen bestimmt. Überraschende Photos. Nacktaufnahmen. Sie ist nicht mehr sehr jung, aber hinreißend. Sie dreht sich um sich selbst, ist sich ihres Körpers sicher, den sie, ohne Scheu, vorzeigt. Venus entstieg den Wellen, nackt. Romy tanzt selbstvergessen, wie berauscht von ihrer bedrohten Schönheit, auf einem Vulkan. Es ist ein rasender Tanz. Vielleicht weiß sie schon, daß alles in einer fürchterlichen Katastrophe enden wird, in dem entsetzlichen Tod Davids, der sich in einer letzten Kapriole am Tor der Villa von Daniels Eltern aufspießt. David ist tot. Doch Romy lebt. Mit tollkühner, verstörter Energie zwingt sie sich zum Überleben, klammert sich an ihre letzte Liebe, an Laurent Pétin, der nicht die Kraft hat, sie daran zu hindern, den tödlichen Trugbildern zu erliegen, die ihr als rettendes Ufer erscheinen. Am Samstag, dem 29. Mai 1982, geht sie von uns, mitten in der Nacht, auf Zehenspitzen. Und doch hat sie uns nicht verlassen. Seit dieser Nacht ist sie überall. In unseren Erinnerungen, unseren Gefühlen, eine Zeugin unserer inneren Erschütterungen.

Romy, zehn Jahre später. Sie gehört heute zu jener tragischen Runde, in der Marilyn Jean Harlow oder Rita Hayworth die Hand gibt. Doch mit der Zeit, die unaufhaltsam verstreicht, verblaßt die Tragödie, merkwürdigerweise.

Faßt man Romys Leben chronologisch zusammen, dann gelangt man vom Glück zum Unglück – der unerbittliche Weg eines mit Ehrungen überhäuften Stars, der immer einsamer wird, vielleicht gerade wegen all dieser Ehren. Doch genau besehen beginnt das Leben nicht mit der Geburt, und ebensowenig endet es mit dem Tod. In Giancarlo Bottis Objektiv ist Romys verwüstetes und im Schmerz so reines Gesicht immer auch das der kleinen Rosemarie Albach-Retty, die mit staunenden, neugierigen Kinderaugen ihre Mama anhimmelt, wenn sie, Magda Schneider, angetan mit Schmuck und Spitzen, ins Theater oder Filmstudio geht. Heldin ihrer eigenen Tragödie, spielt Romy »Himmel und Hölle«, und lacht dabei. Ist die Existenz mit dem Weg vergleichbar, der uns dorthin zurückführt, wo wir das Leben begonnen haben, dann ist das letzte Bild von Romy nicht das einer verbrauchten, verzweifelten Frau, die nachts in ihrem Wohnzimmer ein letztes Mal an den kleinen Jungen schreibt, den sie im Nichts wiederfinden wird, sondern das eines jungen, glückstrahlenden Mädchens, das trotz aller Fallen und Gefahren das Leben lächelnd annimmt. Romy, unsere Zeitgenossin.

Jean-François Josselin

Tafeln

I. *Die frühen Pariser Jahre   1–7*

II. *Pariser Wohnung   8–13*

III. *Mit Luchino Visconti   14–18*

IV. *»Was gibt's Neues, Pussy?«   19–22*

V. *»Halb elf in einer Sommernacht«   23–26*

VI. *»Spion zwischen den Fronten«   27–29*

VII. *»Die Geliebte des anderen«   30–31*

VIII. *»Das Mädchen und der Kommissar«   32–37*

IX. *»Nachtblende«   38–40*

X. *»Die Unschuldigen mit den schmutzigen Händen«   41–49*

XI. *Mit David in der Pariser Wohnung   50–64*

XII. *Hochzeit mit Daniel Biasini   65–67*

XIII. *»Gruppenbild mit Dame«   68–71*

XIV. *»Eine einfache Geschichte«   72–75*

XV. *Aktstudien in der Pariser Wohnung   76–94*

I.
Die frühen Jahre in Paris
1958–1961

Während der Dreharbeiten zu dem Film *Christine* lernte die zwanzigjährige Romy Schneider, die aufgrund ihrer *Sissi*-Erfolge bereits als Filmstar europäischen Zuschnitts galt, 1958 den jungen Schauspieler Alain Delon kennen. Er stand noch am Anfang seiner Karriere. Auf einer Zugfahrt zum Filmball in Brüssel kamen sie sich näher, wenig später entschloß sich Romy Schneider zum Entsetzen ihrer Eltern und der deutschen Filmbranche, nach Paris zu ziehen, um bei ihm sein zu können. Nach einer Verlobung, auf der ihre Eltern bestanden hatten, zog sie in die Avenue Messine, in die Wohnung Alain Delons.

Während er in den kommenden Jahren zum Weltstar aufstieg, erfüllte sie nur noch die vertraglichen Verpflichtungen, die sie vor ihrer Pariser Zeit in Deutschland eingegangen war und die sie eigentlich langweilten. Nachdem die Filme *Ein Engel auf Erden*, *Die schöne Lügnerin* und *Katja* abgedreht waren, lebte sie als Begleiterin Alain Delons in Paris. »In Deutschland war ich abgeschrieben, in Frankreich war ich noch nicht angeschrieben«, kommentierte sie illusionslos ihre schwierige Situation.

Erst das 1961 von Luchino Visconti inszenierte Theaterstück *Schade, daß sie eine Dirne ist* des Shakespeare-Zeitgenossen Henry Ford, das im England der Renaissance spielt, brachte für sie die lang ersehnte Wende. Visconti bot ihr die Titelrolle an. So konnte sie neben Alain Delon auf der Bühne stehen. Sie lernte Bühnen-Französisch und stand die fordernden Proben mit Luchino Visconti und eine Blinddarm-Operation kurz vor der Premiere durch, um danach erfolgreich eineinhalb Jahre lang die Annabella im Théâtre de Paris zu verkörpern. Mit diesem Stück war ihr beruflicher Durchbruch in Frankreich geschafft. Luchino Visconti war von ihrem Talent überzeugt und bot ihr schon im August 1961 die weibliche Hauptrolle in seinem Teil des Episodenfilms *Boccaccio 70* an. Er plante, eine Novelle von Guy de Maupassant unter dem Titel »Der Job« zu verfilmen. Dieser Film wurde der Angelpunkt für Romy Schneiders internationalen Erfolg als Filmschauspielerin. Sie spielte hier eine Gräfin, die sich ihrem Ehemann nur gegen Bezahlung hingibt, nachdem sie herausgefunden hat, daß er eine Beziehung zu einem Callgirl hat.

Zur Vorbereitung und Einkleidung machte Luchino Visconti Romy Schneider mit seiner Freundin und Vertrauten Coco Chanel bekannt. Aus dieser Begegnung ging sie wie verwandelt hervor. Sie bekannte später: »Es gibt drei Menschen, die mein Leben entscheidend verwandelt haben: Alain, Visconti und Coco Chanel.«

1. Portrait Romy Schneider, Paris 1961

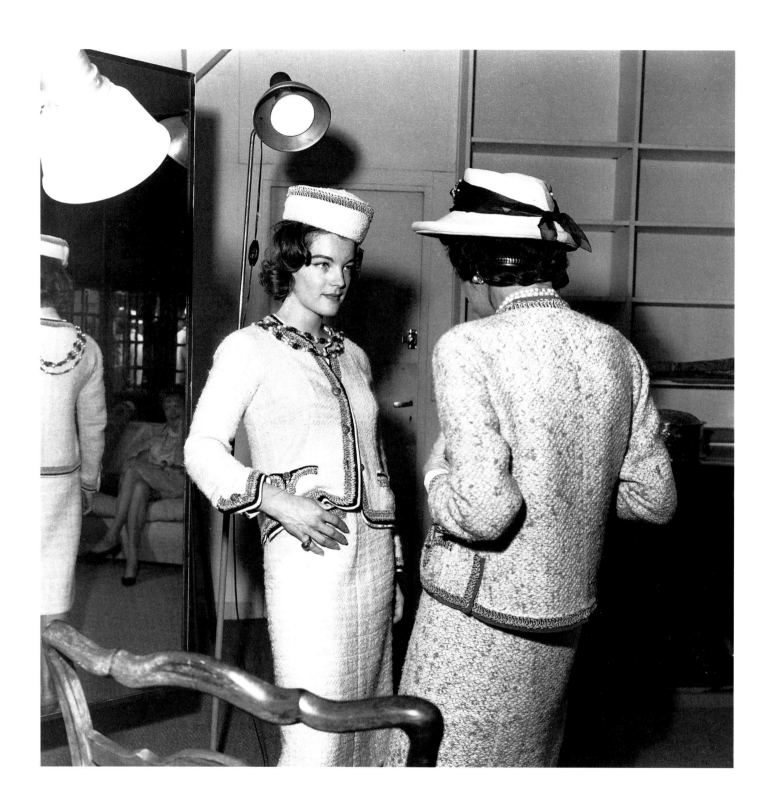

2. Anprobe bei Coco Chanel, Paris 1961

3. Anprobe bei Coco Chanel, Paris 1961

4. Anprobe bei Coco Chanel, Paris 1961

5. Anprobe bei Coco Chanel, Paris 1961

6. Beim Einkaufen, Paris 1961

7. Beim Einkaufen, Paris 1961

II.
Pariser Wohnung
1961

Zu dem Photographen Giancarlo Botti, der Romy Schneider seit ihren ersten Pariser Jahren immer wieder photographierte – er war Redaktionsphotograph für die Zeitschrift *Marie Claire* – entwickelte sie ein ganz besonderes Vertrauensverhältnis. Sie saß ihm mehrfach in ihrer Privatwohnung Modell. Im Spiel zwischen Pose und Phantasie führte Romy Schneider mit der Sicherheit eines Profis selbst Regie. Dies war nicht der Normalfall. Sie selbst merkte an: »Einerseits bin ich exhibitionistisch wie alle Schauspieler. Natürlich stellen wir uns unentwegt zur Schau, wir gewöhnen uns daran, uns selbst ständig in anderen Rollen wiederzufinden, damit wir gefallen. Dann gibt es wieder Zeiten, da bin ich so zurückgezogen, daß ich selbst für Photos einen trinken muß.«

8. In ihrer Wohnung: eine nachdenkliche Romy, Paris 1961

9. In ihrer Wohnung, Paris 1961

10. In ihrer Wohnung, Paris 1961

11. Zum großbürgerlichen Habitus gehört ein herrschaftlicher Hund, Paris 1961

12. Romy mit ihrem Dalmatiner, Paris 1961

13. Rollenstudium ist das tägliche Brot, Paris 1961

III.
Mit Luchino Visconti
1961

Luchino Visconti ermöglichte Romy Schneider einen sensationellen Durchbruch als Schauspielerin in Frankreich. Als erster Regisseur engagierte er sie 1961 für die Bühne – für die weibliche Hauptrolle in dem englischen Drama *Schade, daß sie eine Dirne ist* von John Ford. Während der Arbeit an der Inszenierung machten ihr die Erwartungen ihrer Familie arg zu schaffen. »Ich fühle mich beladen mit Tradition – und diese Tradition verpflichtet. Ich denke an meine Großmutter, die herrliche, unvergessene Burg-Schauspielerin Rosa Albach-Retty, die noch mit 85 Jahren stolz und würdig ihr Publikum fesselt. Sie wollte immer, daß ich Theater spiele. Sie hat mir immer zugeraten, aber ich habe nicht den Mut gehabt«, gestand sie nach den anstrengenden Proben mit Luchino Visconti. Im nachhinein wertete sie die Zusammenarbeit mit dem italienischen Regisseur jedoch als außergewöhnlich produktiv: »Das war eine ehrliche Leistung. Die einzige in meinem Leben, auf die ich stolz bin. Wer mit Visconti gearbeitet hat, dem kann nichts mehr passieren. Er ist der härteste Regisseur, den man sich denken kann, und der beste Lehrmeister. Ihm verdanke ich es, wenn ich heute jedes Atelier ohne Angst betrete. Ich bin ein anderer Mensch geworden.«

14. Mit Luchino Visconti in der Garderobe des Théâtre de Paris, 1961

15. In der Garderobe des Théâtre de Paris, 1961

16. In der Garderobe des Théâtre de Paris, 1961

17. In der Garderobe des Théâtre de Paris, 1961

18. Mit Luchino Visconti in der Garderobe des Théâtre de Paris, 1961

IV.
»Was gibt's Neues, Pussy?«
1964

Als es in ihrer Beziehung zu Alain Delon bereits kriselte, nahm Romy Schneider einen Vertrag der Columbia an und zog zeitweise nach Hollywood. Nach der endgültigen Trennung von Alain Delon führte die Filmkomödie *Was gibt's Neues, Pussy?* sie wieder nach Paris zurück. Die Besetzung dieses Films war hochkarätig: Neben Woody Allen spielten Peter Sellers, Peter O'Toole, Capucine, Ursula Andress, Paula Prentiss sowie Katrin Schaake mit, an die sich frühe Fassbinder-Fans sicher noch erinnern. Die Filmmusik komponierte Burt Bacharach, der langjährige musikalische Begleiter von Marlene Dietrich; der Titelsong »Pussycat«, von Tom Jones gesungen, wurde zum Welthit.
Unter der Regie von Clive Donner spielte Romy Schneider die Rolle der Carole Werner, einer Lehrerin, die mit Michael James (Peter O'Toole), einem Feuilletonredakteur einer Pariser Modezeitschrift, verlobt ist. Obwohl er sie von Herzen liebt, kann er den erotischen Versuchungen, die sein Beruf mit sich bringt, nicht widerstehen. Eines Tages kündigen Caroles Eltern ihren Besuch an. Anläßlich dieses Ereignisses stellt sie ihren Verlobten vor die Alternative: Heirat oder Trennung. Doch schon kurz danach lernt Michael die Striptease-Tänzerin Liz (Paula Prentiss) kennen, wenig später die faszinierende Renée Lefèbvre (Capucine). So scheint – trotz professioneller Beratung Michaels durch den zerstreuten Psychiatrie-Professor Fritz Fassbender (Peter Sellers) und provozierender Flirts mit Michaels Freund Victor (Woody Allen) – die Beziehung zwischen Carole und Michael zu Ende zu gehen. Nach einer Vielzahl amüsanter Irrtümer bahnt sich ein Happy-End an. Die Zusammenarbeit mit den berühmten Kollegen befriedigte Romy Schneider nicht: »Meine Rolle in ›Was gibt's Neues, Pussy?‹ hat mir nie gefallen. Ich sah fett und schiach aus. Es war auch falsch, daß ich diese Rolle gespielt habe. Für mich war das sowieso ein pornographischer Film.«

19. »Was gibt's Neues, Pussy?«: Szenenphoto, 1964

20. »Was gibt's Neues, Pussy?«: Szenenphoto mit Peter O'Toole, 1964

21. »Was gibt's Neues, Pussy?«: Szenenphoto, 1964

22. »Was gibt's Neues, Pussy?«: Szenenphoto mit Woody Allen und Peter O'Toole

V.
»Halb elf in einer Sommernacht«
1965

Nach einem schwierigen Jahr voller Komplikationen – 1964 scheiterte die Zusammenarbeit mit dem französischen Regisseur Henri-Georges Clouzot, der während der Dreharbeiten zu dem gemeinsamen Film *Die Hölle* einen Herzinfarkt erlitt, und die Arbeit an *Was gibt's Neues, Pussycat?* verlief unbefriedigend – stellte sich Romy einer neuen Herausforderung. Mit Melina Mercouri und Peter Finch spielte sie 1965 unter der Regie von Jules Dassin in dem Film *Halb elf in einer Sommernacht.* Das Drehbuch hatte Jules Dassin nach einem Buch von Marguerite Duras verfaßt. Als Claire gerät sie in diesem Film in eine komplizierte Dreiecksgeschichte. Mit Paul (Peter Finch) und dessen Frau Maria (Melina Mercouri) verbringt sie Urlaubstage in einem spanischen Dorf. Dort hat der junge Bauer Rodrigo Palestro (Julian Mateos) seine treulose Frau und ihren Geliebten umgebracht. Maria setzt sich für den Flüchtenden ein, doch Rodrigo tötet sich selbst. Paul begehrt Claire, sie liebt ihn, doch sie spürt zugleich, daß er sich von seiner Frau nicht lösen kann. Das Ende bleibt offen. Die drei Protagonisten suchen einander, doch jeder wählt eine andere Richtung.
Die Dreharbeiten mit Jules Dassin wertete Romy Schneider positiv: »Jules Dassins Film war für mich ein wertvolles Experiment, eine willkommene Gelegenheit, meine schauspielerischen Möglichkeiten bis an ihre Grenzen zu erproben. Ich bin dankbar, daß ich diesen Film drehen konnte.«

23. »Halb elf in einer Sommernacht«: Portraitstudie am spanischen Drehort, 1965

24. »Halb elf in einer Sommernacht«: Portraitstudie am spanischen Drehort, 1965

25. »Halb elf in einer Sommernacht«: Portraitstudie am spanischen Drehort, 1965

26. »Halb elf in einer Sommernacht«: Portraitstudie am spanischen Drehort, 1965

VI.
»Spion zwischen zwei Fronten«
1966

Im Frühjahr 1965 lernte Romy anläßlich der Eröffnung eines Blatzheim-Restaurants im Europa-Center Berlin den Schauspieler und Theaterregisseur Harry Meyen kennen. Ein Jahr später spielten beide gemeinsam mit Gert Fröbe, Christopher Plummer und Yul Brynner in dem Film *Spion zwischen zwei Fronten*. Romy hatte dem Regisseur Terence Young unter der Bedingung zugesagt, daß auch Harry Meyen engagiert würde. Als die Dreharbeiten beginnen, ist sie bereits im dritten Monat schwanger.

Der Spionagefilm, den Terence Young nach einem Buch von René Hardy bearbeitete, führt in die Zeit des Zweiten Weltkrieges. Eddi Chapman (Christoph Plummer), der in London als krimineller Sprengstoffexperte gilt, wird in dem Film zum Schein von einem Erschießungskommando getötet. Als Franz Graumann tritt er wenig später im Dienste des deutschen Geheimdienstes wieder in Aktion. Eine Comtesse (Romy Schneider) nimmt an seiner Entwicklung regen Anteil. Doch Chapman alias Graumann sucht seine wahre Herausforderung als Doppelagent; er schlägt dem britischen Geheimdienst ein Geschäft vor.

Während der Dreharbeiten, die zum Teil in Nizza stattfanden, heirateten Romy Schneider und Harry Meyen am 15. Juli 1966 in aller Stille in St. Jean Cap Ferrat. Nach beendeter Dreharbeit zogen sie nach Berlin. Am 3. Dezember 1966 wurde ihr gemeinsamer Sohn David-Christopher dort geboren. Sechs Tage nach der Geburt lief der Spionagefilm in den Pariser Kinos an, während Romy Schneider als Ehefrau und Mutter ein neues Leben in Berlin begann. »Ob sich mein Leben sehr verändert hat? Sagen wir es anders: ›Ich habe endlich eins!‹« gab sie stolz zu Protokoll.

27. »Spion zwischen zwei Fronten«: Szenenphoto, 1966

28. »Spion zwischen zwei Fronten«: Szenenphoto mit Yul Brynner, 1966

29. »Spion zwischen zwei Fronten«: Szenenphoto, 1966

VII.
»Die Geliebte des anderen«
1970

Das ruhige und zurückgezogene Leben mit Harry Meyen und ihrem Sohn David in Berlin gab Romy Schneider 1968 nach und nach wieder auf. »Nach einer Weile spürte ich, daß ich mein wahres Ich unterdrückte«, stellte sie klagend fest. Als ihr Alain Delon die Hauptrolle in dem Film *Der Swimmingpool* persönlich anbot, griff sie sofort zu. Mit diesem Film feierte sie in Frankreich 1969 ihr großes Comeback; mit dem Streifen *Die Geliebte des anderen* setzte sie die erfolgreiche Zusammenarbeit mit Claude Ronet, ihrem Filmpartner aus *Der Swimmingpool,* 1970 fort. Regie führte Leonard Keigel.
Die Geliebte des anderen ist ein Thriller, der damit beginnt, daß sich Marina (Romy Schneider) und Claude (Gabriele Tini) während einer Autofahrt entlang der bretonischen Küste heftig streiten. Marina versucht, sich mit einer Pistole gegen Claudes Angriffe zu wehren; ein Schuß geht ins Leere. Wenig später gerät der Sportwagen ins Schleudern und stürzt ins Meer. Nur Marina scheint sich retten zu können. Claudes Bruder Serge (Maurice Ronet) nimmt sie auf, doch er mutmaßt, da er die Waffe entdeckt, daß Marina seinen Bruder vor dem Unfall getötet hat. Doch Claude hat den Unfall überlebt und bedroht Marina, die ihn nun wirklich im Affekt ersticht und verscharrt. Ein Wolkenbruch bringt alles an den Tag.
Resümierend begriff Romy Schneider diesen Film als richtungsweisend: »›Die Geliebte des anderen‹ ist ein Abschnitt meiner Karriere ... eine Frauenrolle – jetzt kann ich keine anderen mehr spielen.«

30. »Die Geliebte des anderen«: Szenenphoto, 1970

31. »Die Geliebte des anderen«: Szenenphoto, 1970

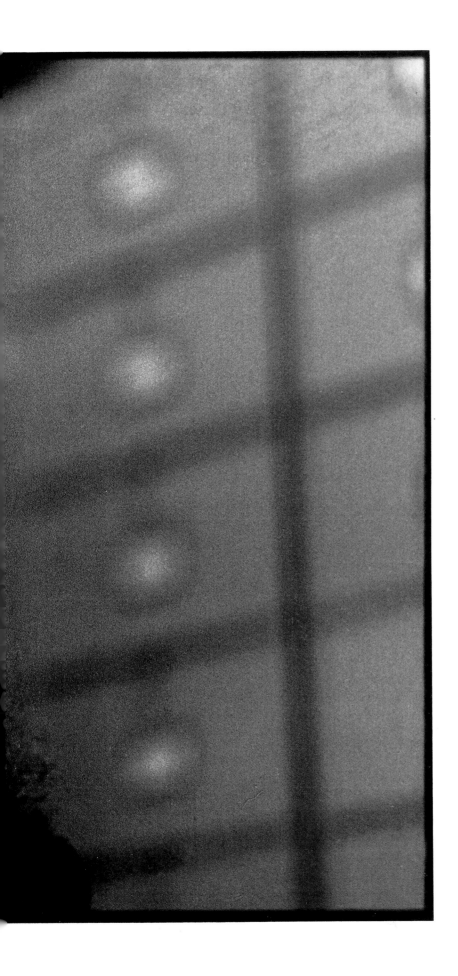

VIII.
»Das Mädchen und der Kommissar«
1970

Noch lebte sie mit ihrer Familie in Hamburg, doch bereits während der Dreharbeiten zu *Die Dinge des Lebens*, ihrem ersten Film unter der Regie von Claude Sautet, war ihr klargeworden, daß sie ein Leben in Frankreich vorziehen würde. In Claude Sautet hatte sie den ihr gemäßen Regisseur gefunden. Mit ihm drehte sie *Das Mädchen und der Kommissar*.

Der hochgelobte Film erzählt die Geschichte des Polizeibeamten Max (Michel Piccoli), der seinen alten Regimentskameraden Abel (Bernard Fresson) und dessen Bande auf frischer Tat stellen möchte. Max gelingt es, das Vertrauen der Prostituierten Lilly (Romy Schneider) zu gewinnen. Er vermittelt ihr Informationen über eine Bank und inszeniert einen Geldtransport, um einen Bankraub zu provozieren. Abel geht in die Falle und wird mit seinen Komplizen gefangengenommen. Doch der für den Bezirk zuständige Inspektor (François Périer) beabsichtigt, auch Lilly als Mitwisserin zu verhaften. Max versucht das zu verhindern; in einem Streit erschießt er seinen Kollegen. Als er als Täter abgeführt wird, begegnet ihm Lilly nur noch mit Abscheu.

Das außergewöhnliche Zusammenspiel der beiden Schauspieler Romy Schneider und Michel Piccoli wurde in der Presse einhellig gelobt. »Ein seltsames Gefühl von Romantik breitet sich auf der Leinwand aus, wenn Michel Piccoli und Romy Schneider einander gegenüberstehen. Ich halte diesen Film für einen der schönsten, die ich seit langem gesehen habe«, schrieb der Filmkritiker von *Paris Match*.

32. »Das Mädchen und der Kommissar«: Szenenphoto, 1970

33. »Das Mädchen und der Kommissar«: Szenenphoto, 1970

34. »Das Mädchen und der Kommissar«: Szenenphoto, 1970

35. »Das Mädchen und der Kommissar«: Szenenphoto, 1970

36. »Das Mädchen und der Kommissar«: Szenenphoto mit Michel Piccoli, 1970

37. »Das Mädchen und der Kommissar«: Szenenphoto, 1970

IX.
»Nachtblende«
1974

Im Sommer 1973 trennte sie sich nach fast sieben Jahren von Harry Meyen. »Er wollte immer Professor Higgins und ich sollte seine Fair Lady sein, und damit konnte ich nicht leben«, kommentierte Romy die Entscheidung. Wenig später führte sie wieder das Leben einer selbständigen, berufstätigen Frau in Paris und drehte wie in einem Rausch einen Film nach dem anderen. 1974 nahm sie die Rolle der Nadine Chevalier in dem Film *Nachtblende* an, den der Wadja-Schüler Andrzej Zulawski inszenierte. Der Film wurde ein großer Publikumserfolg. Romy Schneider erhielt dafür den César.

Nachtblende, ein Film »der Angst macht« (*Le Monde,* 1975), erzählt von der Schwierigkeit, Liebe zu leben. Servais Mont (Fabio Testi), ein Photoreporter, begehrt die mit Jacques Chevalier (Jacques Dutronc) verheiratete Schauspielerin Nadine (Romy Schneider), die gezwungen ist, jede Rolle – auch pornographische – anzunehmen, um leben zu können. Mit dem Geld, das er sich von dem Erpresser Mazelli leiht, versucht er, ihr eine seriöse Rolle zu finanzieren. Doch die geplante Inszenierung scheitert an der Unberechenbarkeit des Regisseurs. Als Nadine das Spiel durchschaut, kommt es zur Katastrophe. Jacques bringt sich um, und Servais wird von Mazelli und seiner Bande zusammengeschlagen. In seiner total zerstörten Wohnung finden sich Nadine und Servais schließlich.

38. »Nachtblende«: Szenenphoto, 1974

39. »Nachtblende«: Szenenphoto, 1974

40. »Nachtblende«: Szenenphoto, 1974

X.
»Die Unschuldigen mit den schmutzigen Händen«
1974

Claude Chabrol empfand die selbständig gewordene Romy Schneider als ideale Besetzung für seinen Film *Die Unschuldigen mit den schmutzigen Händen.* Er selbst schrieb das Drehbuch nach dem Roman *The Damned Innocents* von Richard Neely und legte den Stoff feministisch aus. Als Filmpartner Romys standen ihr Rod Steiger als betrogener Ehemann und Paolo Giusti als skrupelloser Geliebter zur Seite.
Der Film erzählt die Geschichte der attraktiven Julie Wormser (Romy Schneider), die sich eines Tages in den vorgeblichen Schriftsteller Jeff Marle (Paolo Giusti) verliebt. Um mit ihrem Liebhaber ein neues Leben beginnen zu können, faßt sie mit ihm den Plan, ihren achtzehn Jahre älteren Ehemann zu ermorden. Doch es kommt ganz anders: Nach dem scheinbaren Tod von Louis wird sie polizeilich überwacht. Louis, der den Anschlag überlebt hat, erpreßt sie, und auch Jeff, dem der scheinbar Ermordete Geld gegeben hat, damit er das Land verlassen kann, fordert mehr. Die Situation spitzt sich zu. Als Louis einen Herzanfall bekommt, bittet Julie Jeff um Hilfe. Doch er bedroht sie lebensgefährlich. In letzter Minute kommt ihr die Polizei zur Hilfe.
Claude Chabrol äußerte sich zufrieden über die Besetzung der weiblichen Hauptrolle: »Dies ist Romy Schneiders Film vom ersten bis zum letzten Meter. Romy ist für mich die typische Frau, sie ist schön, sie hat starke erotische Ausstrahlung, Charakter und Persönlichkeit.«

41. »Die Unschuldigen mit den schmutzigen Händen«: Szenenphoto, 1974

42. »Die Unschuldigen mit den schmutzigen Händen«: Bei den Dreharbeiten mit Claude Chabrol, 1974

43. »Die Unschuldigen mit den schmutzigen Händen«: Bei den Dreharbeiten, 1974

44. »Die Unschuldigen mit den schmutzigen Händen«: Bei den Dreharbeiten, 1974

45. »Die Unschuldigen mit den schmutzigen Händen«: Bei den Dreharbeiten, 1974

46. »Die Unschuldigen mit den schmutzigen Händen«: Bei den Dreharbeiten, 1974

47. »Die Unschuldigen mit den schmutzigen Händen«: Bei den Dreharbeiten, 1974

48. »Die Unschuldigen mit den schmutzigen Händen«: Bei den Dreharbeiten, 1974

49. »Die Unschuldigen mit den schmutzigen Händen«: Bei den Dreharbeiten, 1974

XI.
Mit David in der Pariser Wohnung
1975

Seit ihrer Trennung von Harry Meyen 1973 lebte Romy Schneider – selbständig, berufstätig und alleinerziehend – wieder in Paris. Das neue Leben in Frankreich war für sie nicht ganz problemlos: »Es hat immer Momente gegeben, wo ich vom Drehen nach Hause kam, ausgelaugt, fertig. Da habe ich mich oft sehr allein gefühlt und wußte nichts mit mir anzufangen. Das ist immer häufiger der Fall«, gestand sie.

Sie wünschte sich ein friedliches familiäres Leben, doch der Pariser Alltag stellte an sie und den neunjährigen David ganz andere Ansprüche. Wo sie konnte, nahm sie ihn zu den Dreharbeiten mit. Zu Hause spielte sie mit ihm so oft wie möglich und hoffte, daß er die Trennung seiner Eltern gut verkraftet: »David hat begriffen, daß sein Vater und seine Mutter einander fremd geworden sind«, kommentierte sie seine schwierige Situation.

50. Portraitaufnahme, Privatwohnung, Paris 1975

51. Portraitaufnahme, Privatwohnung, Paris 1975

52. Maskerade mit Sohn David, Privatwohnung, Paris 1975

53. Maskerade mit Sohn David, Privatwohnung, Paris 1975

54. Maskerade mit Sohn David, Privatwohnung, Paris 1975

55. Portraitaufnahme, Privatwohnung, Paris 1975

56. Portraitaufnahme, Privatwohnung, Paris 1975

57. Große Liegende, Privatwohnung, Paris 1975

58. Romy mit abgeschnittenen Füßen, Privatwohnung, Paris 1975

59. Portraitstudie, Privatwohnung, Paris 1975

60. Portraitstudie, Privatwohnung, Paris 1975

61. Portraitstudie, Privatwohnung, Paris 1975

62. Portraitstudie, Privatwohnung, Paris 1975

63. Portraitstudie, Privatwohnung, Paris 1975

64. Portraitstudie, Privatwohnung, Paris 1975

XII.
Hochzeit mit Daniel Biasini
1975

Bei den Dreharbeiten zu *Nur ein Hauch von Glück* lernte Romy Schneider 1973 Daniel Biasini kennen, der als Pressereferent der Filmproduktionsgesellschaft arbeitete. Ihre Liaison begann damit, daß sie ihn als Privatsekretär engagierte. Nachdem die Scheidung von Harry Meyen im Juli 1975 rechtskräftig geworden war, konnte noch im gleichen Jahr die Hochzeit mit Daniel Biasini geplant werden. Die Trauung fand am 18. Dezember 1975 in West-Berlin statt. Noch am gleichen Tag flog die Hochzeitsgesellschaft einschließlich Magda Schneider, Biasinis Eltern, Claude Sautet und dem Friseur Alexandre, der für Romys Haarschmuck verantwortlich war, nach Paris, wo die eigentliche Feier im Restaurant »La Orangerie« auf der Seine-Insel St. Louis stattfand. Der Altersunterschied von zehn Jahren – Biasini war 28 Jahre alt, sie 38 und im fünften Monat schwanger – störte Romy nicht. »Ich hätte Daniel auch geheiratet, wenn er fünfzig gewesen wäre. Ich bin schrecklich in meinen Mann Daniel Biasini verliebt. Niemand hat mich je so geliebt wie er«, äußerte sie anläßlich der Hochzeitsfeier; böse Zungen sprachen von einem Delon-Placebo. Kurze Zeit nach der Eheschließung verlor Romy auf tragische Weise das gemeinsame Kind. Nach einem Autounfall in der Silvesternacht erlitt sie eine Fehlgeburt.

65. Hochzeit mit Daniel Biasini, Paris, 18. Dezember 1975

66. Die glücklichen Drei: Romy, Daniel Biasini und David am Hochzeitstag, Paris, 18. Dezember 1975

67. Die geschmückte Braut, Paris, 18. Dezember 1975

XIII.
»Gruppenbild mit Dame«
1976/77

»Ich kann nicht alleine leben. Doch ich hatte das Glück, einen Mann zu finden, an den ich mich tief gebunden habe«, schrieb Romy Schneider 37jährig, kurz bevor sie den zehn Jahre jüngeren Daniel Biasini im Dezember 1975 heiratete. Zwar wünschte sie sich ein ruhiges Familienleben, doch dieses Mal wollte sie von Anfang an das Filmen nicht aufgeben. Im September 1976 drehte sie unter der Regie von Aleksandar Petrovic *Gruppenbild mit Dame,* einen Film nach dem gleichnamigen Roman von Heinrich Böll. Wieder ist sie während der Dreharbeiten schwanger.

Der deutsche Schriftsteller, der das Drehbuch gemeinsam mit Aleksandar Petrovic bearbeitet hatte, lehnte zunächst die Besetzung der weiblichen Hauptrolle mit Romy Schneider ab. Nach einem langen persönlichen Gespräch revidierte er seine Meinung. Romy brillierte in der Rolle der Leni Gruyten. An ihrer Seite filmten Brad Djourif, Michel Galabru und Vadim Glowna.

Vier Momentaufnahmen aus den Jahren 1939, 1941, 1945 und 1965 zeigen am Beispiel der jüdischen Industriellentochter Leni Gruyten den Gang der deutschen Geschichte. In ihrem persönlichen Leben spiegeln sich tragisch die allgemeinen Verhältnisse. Alle, die sie liebt oder verehrt, sterben. Zwanzig Jahre nach Kriegsende ist sie eine vom Schicksal gezeichnete Frau, die jedoch nach wie vor – unberührt von gesellschaftlichen Vorurteilen – ihr Leben in die Hand nimmt.

Die Rolle der Leni berührte Romy sehr persönlich: »Leni ist eine Person, die mir nahesteht. Mit dieser Rolle kann ich mich identifizieren. Ich empfinde für Böll eine große Sympathie. Das hängt damit zusammen, wie er diese schamlos unschuldige Person schildert – die Art, wie Leni in dem Inferno des Zusammenbruchs zu lieben lernt.«

68. »Gruppenbild mit Dame«: Szenenphoto, 1976/77

69. »Gruppenbild mit Dame«: Szenenphoto, 1976/77

70. »Gruppenbild mit Dame«: Szenenphoto, 1976/77

71. »Gruppenbild mit Dame«: Szenenphoto, 1976/77

XIV.
»Eine einfache Geschichte«
1978

Nach der Geburt ihrer Tochter Sarah Magdalena Biasini am 27. Juli 1977 zog sich Romy Schneider für eine Weile aus dem Berufsleben zurück. Der Wiedereinstieg fiel ihr nicht leicht. »Ich habe große Angst, wieder anzufangen nach dieser Unterbrechung, wo ich mich in mein Glück geflüchtet habe, mit Daniel, meinem Ehemann, David, meinem Sohn, und Sarah, meiner Tochter«, gestand sie, bevor sie sich 1978 entschied, die Rolle der Marie in dem Film *Eine einfache Geschichte* von Claude Sautet zu spielen.

Marie (Romy Schneider), eine attraktive Frau von vierzig Jahren, lebt nach ihrer Scheidung mit ihrem 16jährigen Sohn in einer hübschen Wohnung. Obwohl sie von ihrem Freund Serge (Claude Brasseur) ein Kind erwartet, möchte sie sich von ihm trennen. Sie sucht Unterstützung bei ihren Freundinnen, die jedoch selbst ausreichend Beziehungsprobleme haben. Eine Begegnung mit ihrem Ex-Mann Georges (Bruno Cremer) verändert Maries Situation grundlegend. Marie und er kommen sich näher, doch ob sie wieder mit ihm zusammenleben wird, bleibt offen.

Die Zusammenarbeit von Claude Sautet und Romy gelang dieses Mal ganz besonders gut. Romy Schneider kommentierte sie so: »Claude Sautet und ich, wir erleben eine berufliche Liebesgeschichte: das ist sehr seltsam. Wir haben absolutes Vertrauen, und seit »Die Dinge des Lebens« mögen wir uns immer mehr.«

72. »Eine einfache Geschichte«: Szenenphoto, 1978

73. »Eine einfache Geschichte«: Szenenphoto mit Claude Brasseur, 1978

74. »Eine einfache Geschichte«: Szenenphoto, 1978

75. »Eine einfache Geschichte«: Szenenphoto, 1978

XV.
Aktstudien in der Pariser Wohnung
1974

Für erotische Aufnahmen hatte Romy Schneider immer wieder einmal im Laufe ihrer Karriere Modell gestanden. Auch in ihren Filmrollen bewegte sie sich in entsprechenden Szenen ohne Scheu. Kaum vorstellbar ist heute, daß zum Beispiel Fritz Kortners Fernseh-Inszenierung *Lysistrata* in den Bereichen der Sender München, Stuttgart und Baden-Baden nicht ausgestrahlt werden durfte – wegen eines »gelösten Busenbandes«. Ihren ersten Film-Striptease hatte Luchino Visconti 1961 in dem Episodenfilm *Boccaccio 70* inszeniert. Ihr Kommentar: »Ich habe mich nicht nackt gefühlt. Ich hatte nie vorher so etwas getan. Aber manchmal muß man es tun, wenn die Szene es verlangt und wenn man mit einem so guten Regisseur wie Visconti zusammenarbeitet.«

Im Mai 1974 entstanden Giancarlo Bottis Bilder. Es sind die einzigen Aktphotos von Romy, die in ihren privaten Räumen aufgenommen wurden, und die einzigen, bei denen sie selbst Regie führte. Eher zufällig, aus einer Stimmung, einer Laune heraus, kamen diese so erstaunlich ungekünstelten wie sensationsträchtigen Photographien zustande: Giancarlo Botti hatte im Auftrag der Zeitschrift *Elle* Portraits von Romy aufzunehmen; Anlaß war der Beginn der Dreharbeiten von *Nachtblende*. Der Nachmittagstermin in Romys Wohnung in der Avenue Berlioz sollte sich bis zum nächsten Morgen hinziehen. »Es wurde die längste Photo-Session, aber auch eine der schönsten Erinnerungen meiner Karriere«, sagt Botti im Rückblick.

Die Initiative zu den Aktaufnahmen war von Romy ausgegangen. Sie zeigte sich hier als selbstbewußte, attraktive Frau, die weiß, was sie will, und die sich ihrer besonderen körperlichen Ausstrahlung sicher ist. Auf eigentümliche Weise kontrastieren diese Bilder mit den ersten Photos jener Einkleidungsszene, die Botti in Coco Chanels Modesalon aufnahm.

76. Portraitstudie, Privatwohnung, Paris 1975

77. Aktstudie, Privatwohnung, Paris 1974

78. Aktstudie, Privatwohnung, Paris 1974

79. Aktstudie, Privatwohnung, Paris 1974

80. Aktstudie, Privatwohnung, Paris 1974

81. Aktstudie, Privatwohnung, Paris 1974

82. Aktstudie, Privatwohnung, Paris 1974

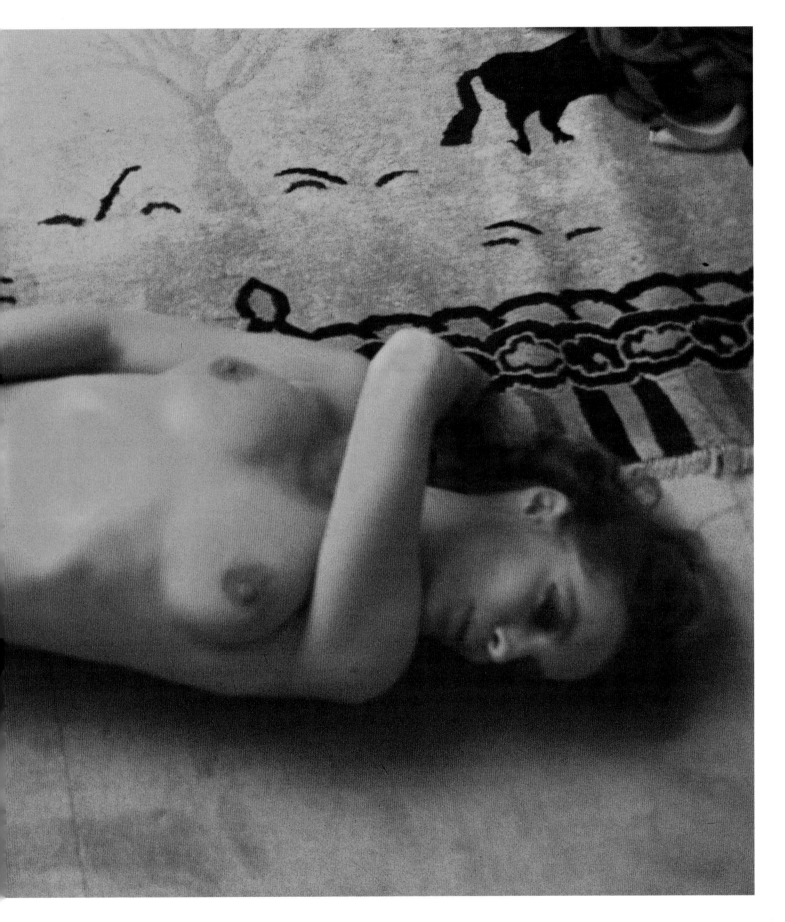

83. Aktstudie, Privatwohnung, Paris 1974

84. Aktstudie, Privatwohnung, Paris 1974

85. Aktstudie, Privatwohnung, Paris 1974

86. Aktstudie, Privatwohnung, Paris 1974

87. Aktstudie, Privatwohnung, Paris 1974

88. Aktstudie, Privatwohnung, Paris 1974

89. Aktstudie, Privatwohnung, Paris 1974

90. Aktstudie, Privatwohnung, Paris 1974

91. Aktstudie, Privatwohnung, Paris 1974

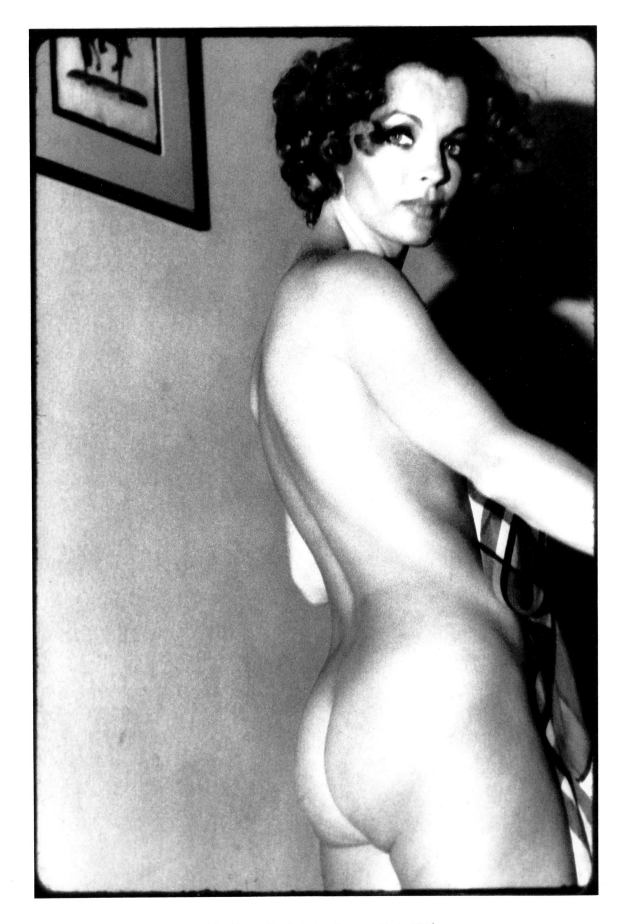

92. Aktstudie, Privatwohnung, Paris 1974

93. Aktstudie, Privatwohnung, Paris 1974

94. Portrait Romy Schneider, Paris 1979

95. Ankunft vor der Pariser Oper am 28. September 1980 anläßlich einer Gedächtnis-Gala für Luchino Visconti

Biographie

1938 Am 23. September wird Romy Schneider unter dem bürgerlichen Namen Rosemarie Magdalena Albach als erstes Kind des Schauspieler-Ehepaars Magda Schneider und Wolf Albach-Retty geboren. Die Eltern zählen in Deutschland und Österreich zu den bekanntesten Film- und Bühnenstars.

1939 Im Oktober verläßt die Familie Wien und zieht nach Schönau bei Berchtesgaden. Hier verbringt Romy die ersten Jahre ihrer Kindheit unter der Obhut ihrer Großmutter mütterlicherseits.

1940 Geburt ihres Bruders Wolfgang.

1944 Im September wird Romy in Berchtesgaden eingeschult.

1945 Ihre Eltern, die seit 1943 getrennt leben, lassen sich scheiden. Romy Schneider kommt in das Internat Goldenstein in der Nähe von Salzburg, das von Augustiner Chorfrauen geleitet wird.

1953 Magda Schneider heiratet den Kölner Hotelier und Großgastronom Hans Herbert Blatzheim. Romy verläßt – knapp fünfzehnjährig – das Internat. Ihre Mutter schreibt sie zunächst an der Werkkunstschule in Köln ein. Wenig später spielt Romy mit ihrer Mutter in dem Film *Wenn der weiße Flieder wieder blüht* unter der Regie von Hans Deppe. Das Filmdebüt der Fünfzehnjährigen ist so erfolgreich, daß sie bereits im Herbst für den nächsten Film *Feuerwerk* verpflichtet wird.

1954 Sie spielt ihre erste Hauptrolle in *Mädchenjahre einer Königin*. Regie führt Ernst Marischka.

1955 Den Schauspielunterricht, den sie am Reinhardt-Seminar nimmt, empfindet sie als zu akademisch. Sie bricht das Studium kurz nach Beginn wieder ab. Unter der Regie von Ernst Marischka dreht sie mit ihrem Partner Karlheinz Böhm den ersten *Sissy*-Film.

1956 Die zweite *Sissy*-Episode entsteht: *Sissy, die junge Kaiserin*. Romy erhält für ihre Rolle den Bambi. Um sich von dem *Sissy*-Image zu befreien, handelt sie aus, mit Horst Buchholz in *Robinson darf nicht sterben* zu spielen.

1957 Im Sommer wird der dritte *Sissy*-Film, *Schicksalsjahre einer Kaiserin,* produziert. Der internationale Erfolg der *Sissy*-Filme macht Romy Schneider zu einer der berühmtesten und beliebtesten Schauspielerinnen des europäischen Kinos.

1958 Während der Dreharbeiten zu *Christine* lernt sie den Filmneuling Alain Delon kennen, der die männliche Hauptrolle spielt. Gegen den Willen ihrer Mutter und ihres Stiefvaters löst sie sich von der Familie und entzieht sich den Geschäftsleuten, die bisher mit der Vermarktung ihrer künstlerischen Karriere betraut waren. Sie zieht zu Alain Delon nach Paris.

1959 Romys Eltern bestehen auf einer offiziellen Verlobung mit Alain Delon. Sie findet am 22. März am Luganer See statt. Romy erfüllt noch ihre vertraglichen Verpflichtungen, die sie mit deutschen Filmproduzenten eingegangen war, und spielt in den Filmen *Ein Engel auf Erden, Die schöne Lügnerin* und an der Seite von Curd Jürgens *Katja – Die ungekrönte Kaiserin*. Danach ist sie, weil sie deutsche Angebote ablehnt und französische noch nicht bekommt, eine Zeitlang arbeitslos. Sie begleitet Alain Delon bei seinen Dreharbeiten.

1960 In Mailand lernt sie Luchino Visconti kennen, unter dessen Regie Alain Delon 1961 *Rocco und seine Brüder* dreht. Der italienische Regisseur bietet ihr nach einer längeren Filmpause die Rolle der Annabella in dem Theaterstück *Schade, daß sie eine Dirne ist* von John Ford, einem Zeitgenossen Shakespeares, an. Für Romy, die bislang noch nie Theater gespielt hat, ist dieses Angebot eine besondere Herausforderung.

1961 Nach einer Blinddarm-Operation Romys findet die Premiere des Stücks am 29.

März im Théâtre de Paris statt. In der Sommerpause dreht sie mit Visconti die Episode »Der Job« in dem Film *Boccaccio 70*. Mit den beiden Produktionen setzt sie sich beim anspruchsvollen Pariser Publikum durch.

1962 Sie geht mit dem Stück *Die Möwe* von Anton Tschechow, in dem sie die Rolle der Nina spielt, auf Theatertournee. Regie führen Georges Herbert und Sacha Pitoëff. Im selben Jahr spielt sie in Orson Welles' Verfilmung des Kafka-Romans *Der Prozeß*. Für die Darstellung der Leni erhält sie im Juni 1963 die Auszeichnung Etoile de Cristal der Académie du Cinéma in Paris.

1963 Trennung von Alain Delon.

1964 Im Frühjahr beginnen die Dreharbeiten zu dem Film *Die Hölle*. Henri-Georges Clouzot muß die Aufnahmen jedoch schon nach drei Wochen wegen eines Herzinfarkts abbrechen. Im Juni erhält Romy den Publikumspreis La Victoire du Cinéma Français. Im August heiratet Alain Delon Nathalie Barthélemy, die mit dem gemeinsamen Sohn Anthony schwanger ist.

1965 Während eines Aufenthalts in Berlin lernt Romy den deutschen Theaterregisseur und Bühnenschauspieler Harry Meyen kennen. Im Herbst dreht sie mit Melina Mercouri und Peter Finch unter der Regie von Jules Dassin *Halb elf in einer Sommernacht*.

1966 Im Frühjahr steht sie mit Michel Piccoli im Ruhrgebiet vor der Kamera, gedreht wird der Film *Schornstein Nr. 4*. Gemeinsam mit Harry Meyen spielt sie in *Spion zwischen zwei Fronten*. Während der Dreharbeiten an der Côte d'Azur heiratet sie Harry Meyen (sein bürgerlicher Name ist Haubenstock) in St. Jean Cap Ferrat am 15. Juli 1966. Sie ziehen nach Berlin. Am 3. Dezember wird ihr Sohn David-Christopher geboren. Romy zieht sich für fast zwei Jahre ins Privatleben zurück.

1967 Im Winter stirbt Romys Vater Wolf Albach-Retty an einem Herzinfarkt.

1968 Während Studenten in den Hauptstädten der westlichen Welt gegen den Vietnam-Krieg protestieren, arbeitet Romy Schneider an ihrem Comeback. In London dreht sie unter der Regie von Dick Clement den Film *Otley*, in St. Tropez steht sie wieder mit Alain Delon in dem von Jacques Deray inszenierten Film *Der Swimmingpool* vor der Kamera.

1969 Claude Sautet bietet ihr die weibliche Hauptrolle in dem Film *Die Dinge des Lebens* an. Ihr Partner ist wieder Michel Piccoli. Es ist der erste einer langen Reihe von Filmen, die Romy mit Sautet dreht.

1970 Anfang des Jahres entsteht der Thriller *Die Geliebte des anderen*, im Sommer dreht sie mit Michel Piccoli *Das Mädchen und der Kommissar*. Im *Stern* bekennt sie sich öffentlich mit Hunderten von Frauen dazu, abgetrieben zu haben.

1971 Sie dreht mit Alain Delon den Film *Das Mädchen und der Mörder* von Joseph Losey.

1972 Neben Helmut Berger steht sie in dem Film *Ludwig II.* unter Viscontis Regie vor der Kamera.

1973 Trennung von Harry Meyen.

1974 Sie übernimmt die Rolle der Nadine Chevalier in dem Film *Nachtblende* des polnischen Regisseurs Andrzej Zulawski und spielt in Claude Charbrols Film *Die Unschuldigen mit den schmutzigen Händen*.

1975 Die Scheidung von Romy Schneider und Harry Meyen wird im Juni ausgesprochen. Am 18. Dezember heiratet sie den zehn Jahre jüngeren Daniel Biasini, den sie zuvor als Privatsekretär beschäftigt hatte.

1976 Die Zeitschrift *Ciné Revue* verleiht ihr im Februar den Grand Prix International. Am 3. April erhält sie im Palais des Congrès den César für die beste weibliche Hauptrolle in dem Film *Nachtblende* von Andrzej Zulawski. Sie widmet den Preis dem italienischen Regisseur Luchino Visconti, der am 17. März gestorben war.
1976 dreht sie drei Filme: *Die Frau am Fenster, Mado* und *Gruppenbild mit Dame*.

1977 Für die Rolle der Leni in *Gruppenbild mit Dame* erhält sie als beste Darstellerin am 24. Juni das Filmband in Gold des Deutschen Filmpreises.
Am 21. Juli wird Sarah Magdalena, ihre Tochter aus der Ehe mit Daniel Biasini, in Grassin bei St. Tropez geboren.

1978 Der fünfte Film mit Claude Sautet entsteht: *Eine einfache Geschichte.*

1979 Für ihre Rolle in dem Film *Eine einfache Geschichte* wird Romy Schneider mit einem zweiten César ausgezeichnet. Am 15. April nimmt sich ihr geschiedener erster Mann Harry Meyen in seiner Hamburger Wohnung das Leben.

1980 Ihre Großmutter väterlicherseits, die Burg-Schauspielerin Rosa Albach-Retty, stirbt im Alter von 105 Jahren. Für ihr künstlerisches Gesamtwerk und ihre Darstellung der Marie in dem Film *Eine einfache Geschichte* erhält Romy Schneider den italienischen Oscar, den David di Donatello.

1981 Im Februar trennt sie sich von Daniel Biasini und liiert sich mit Laurent Pétin, einem jungen Produktionsassistenten, den sie während der Dreharbeiten kennengelernt hatte. Am 5. Juli erliegt ihr Sohn David einem tragischen Unfall. Bei dem Versuch, über ein Gartentor zu springen, spießt er sich auf.

1982 Mit Laurent Pétin zieht sie in eine gemeinsame Wohnung im siebten Pariser Arrondissement. In der Nacht zum 29. Mai 1982 stirbt Romy im Alter von 43 Jahren in ihrer Pariser Wohnung. Offiziell wird der wahrscheinliche Freitod mit »Herzversagen« umschrieben. Am 2. Juni wird sie in Boissy-sans-Avoir beigesetzt.
In 28 Jahren hat sie ein künstlerisches Gesamtwerk von 58 Kinofilmen und damit eine nicht in Zahlen zu fassende Erinnerungsspur im Bewußtsein des Publikums hinterlassen.

Filmographie

1. *Wenn der weiße Flieder wieder blüht*
   1953, Bundesrepublik Deutschland
   Regie: Hans Deppe
2. *Feuerwerk*
   1954, Bundesrepublik Deutschland
   Regie: Kurt Hoffmann
3. *Mädchenjahre einer Königin*
   1954, Österreich
   Regie: Ernst Marischka
4. *Die Deutschmeister*
   1955, Österreich
   Regie: Ernst Marischka
5. *Der letzte Mann*
   1955, Bundesrepublik Deutschland
   Regie: Harald Braun
6. *Sissi*
   1955, Österreich
   Regie: Ernst Marischka
7. *Sissi, die junge Kaiserin*
   1956, Österreich
   Regie: Ernst Marischka
8. *Kitty und die große Welt*
   1956, Bundesrepublik Deutschland
   Regie: Alfred Weidenmann
9. *Robinson soll nicht sterben*
   1956, Bundesrepublik Deutschland
   Regie: Josef von Baky
10. *Monpti*
    1957, Bundesrepublik Deutschland
    Regie: Helmut Käutner
11. *Scampolo*
    1957, Bundesrepublik Deutschland
    Regie: Alfred Weidenmann
12. *Schicksalsjahre einer Kaiserin*
    1957, Österreich
    Regie: Ernst Marischka
13. *Mädchen in Uniform*
    1958, Bundesrepublik Deutschland / Frankreich
    Regie: Geza Radvanyi
14. *Christine*
    1958, Frankreich / Italien
    Regie: Pierre Gaspard-Huit
    Nach Arthur Schnitzlers *Liebelei*
15. *Die Halbzarte*
    1958, Österreich
    Regie: Rolf Thiele
16. *Ein Engel auf Erden*
    1959, Bundesrepublik Deutschland / Frankreich
    Regie: Geza Radvanyi
17. *Die schöne Lügnerin*
    1959, Bundesrepublik Deutschland / Frankreich
    Regie: Axel von Ambesser
18. *Katja – die ungekrönte Kaiserin*
    1959, Frankreich
    Regie: Robert Siodmak
19. *Boccaccio 70*
    1961, Italien / Frankreich
    Zweite Episode: *Der Job / Il Lavoro*
    Regie: Luchino Visconti
    Nach der Novelle *Au bord du lit* von Guy de Maupassant
20. *Der Kampf auf der Insel*
    1961, Frankreich
    Regie: Alain Cavalier
21. *Der Prozeß*
    1962, Frankreich / Bundesrepublik Deutschland / Italien
    Regie: Orson Welles
    Nach dem Roman von Franz Kafka

22. *Die Sieger*
    1962, USA
    Regie: Carl Foreman
    Nach dem Roman *The Human Kid* von Alexander Baron
23. *Der Kardinal*
    1963, USA
    Regie: Otto Preminger
    Nach dem Roman von Henry Morton Robinson
24. *Leih mir deinen Mann*
    1963/64, USA
    Regie: David Swift
    Nach dem Roman von Jack Finney
25. *L'Enfer* (unvollendet)
    1964, Frankreich
    Regie: Henri-George Clouzot
26. *Was gibt's Neues, Pussy?*
    1964, Großbritannien / Frankreich
    Regie: Clive Donner
    Drehbuch: Woody Allen
27. *Halb elf in einer Sommernacht*
    1965, USA / Spanien
    Regie: Jules Dassin
    Drehbuch: Jules Dassin, Marguerite Duras
28. *Schornstein Nr. 4*
    1966, Frankreich / Bundesrepublik Deutschland
    Regie: Jean Chapot
    Drehbuch: Marguerite Duras und Jean Chapot
29. *Spion zwischen zwei Fronten*
    1966, Großbritannien / Frankreich / Bundesrepublik Deutschland
    Regie: Terence Young
30. *Otley*
    1968, Großbritannien
    Regie: Dick Clement
31. *Der Swimmingpool*
    1968, Frankreich / Italien
    Regie: Jacques Deray
32. *Inzest*
    1969, Großbritannien
    Regie: John Newland
33. *Die Dinge des Lebens*
    1969, Frankreich / Italien
    Regie: Claude Sautet
    Nach dem Roman von Paul Guimard
34. *Die Geliebte des anderen*
    1970, Frankreich / Italien
    Regie: Leonhard Keigel
35. *Bloomfield*
    1970, Großbritannien / Israel
    Regie: Richard Harris
    Nach einer Novelle von Joseph Gross
36. *La Califfa*
    1970, Italien / Frankreich
    Regie: Alberto Bevilacqua
37. *Das Mädchen und der Kommissar*
    1970, Frankreich / Italien
    Regie: Claude Sautet
38. *Das Mädchen und der Mörder*
    1971, Frankreich / Italien / Großbritannien
    Regie: Joseph Losey
39. *Ludwig II.*
    1972, Italien / Frankreich / Bundesrepublik Deutschland
    Regie: Luchino Visconti
40. *César und Rosalie*
    1972, Frankreich / Italien / Bundesrepublik Deutschland
    Regie: Claude Sautet
41. *Nur ein Hauch von Glück*
    1973, Frankreich / Italien
    Regie: Pierre Granier-Deferre
    Nach dem Roman von Georges Simenon
42. *Sommerliebelei*
    1973, Frankreich / Bundesrepublik Deutschland / Italien
    Regie: Jean-Claude Brialy
43. *Das wilde Schaf*
    1973, Frankreich / Italien
    Regie: Michel Deville
    Nach dem Roman von Roger Blondel
44. *Trio Infernal*
    1973/74, Frankreich / Italien / Bundesrepublik Deutschland
    Regie: Francis Girod

45. *Nachtblende*
    1974, Frankreich / Bundesrepublik Deutschland / Italien
    Regie: Andrzej Zulawski

46. *Die Unschuldigen mit den schmutzigen Händen*
    1974, Frankreich / Italien / Bundesrepublik Deutschland
    Regie: Claude Chabrol

47. *Das alte Gewehr*
    1975, Frankreich / Bundesrepublik Deutschland
    Regie: Robert Enrico

48. *Die Frau am Fenster*
    1976, Frankreich / Italien / Bundesrepublik Deutschland
    Regie: Pierre Granier-Deferre

49. *Mado*
    1976, Frankreich / Italien / Bundesrepublik Deutschland
    Regie: Claude Sautet

50. *Gruppenbild mit Dame*
    1976 / 77, Bundesrepublik Deutschland / Frankreich
    Regie: Aleksandar Petrovic
    Nach dem Roman von Heinrich Böll

51. *Eine einfahce Geschichte*
    1978, Bundesrepublik Deutschland / Frankreich
    Regie: Claude Sautet

52. *Blutspur*
    1979, USA / Bundesrepublik Deutschland
    Regie: Terence Young

53. *Die Liebe einer Frau*
    1979, Frankreich / Italien / Bundesrepublik Deutschland
    Regie: Constantin Costa-Gavras

54. *Der gekaufte Tod*
    1979, Frankreich / Bundesrepublik Deutschland
    Regie: Bertrand Tavernier

55. *Die Bankiersfrau*
    1980, Frankreich
    Regie: Francis Girod

56. *Das Verhör*
    1981, Frankreich
    Regie: Claude Miller

57. *Die zwei Gesichter einer Frau*
    1981, Italien
    Regie: Dino Risi

58. *Die Spaziergängerin von Sanssouci*
    1982, Frankreich / Bundesrepublik Deutschland
    Regie: Jacques Rouffio, Jacques Kirsner

Theater

Schade, daß sie eine Dirne ist
von John Ford
1961, Frankreich
Regie: Luchino Visconti

Die Möwe
von Anton Tschechow
1962, Frankreich
Regie: Sacha Pitoëff

Fernsehen

Die Sendung der Lysistrata
nach der Komödie von Aristophanes
1961, Bundesrepublik Deutschland
Regie: Fritz Kortner